글 유가은
대학에서 유아교육을 전공했습니다.
어린이를 위한 글을 쓰고 싶어 '어린이책 작가교실'에서 공부하고 있습니다.
지금은 어린이들과 함께 책놀이를 하는 선생님으로 활동하면서
이 세상 곳곳에 숨어 있는 재미난 이야기들을 열심히 찾고 있답니다.

그림 문구선
부산에서 태어나 대학에서 시각디자인을 전공했습니다.
대한민국 출판미술대전에서 특별상, 특선 등을 수상했습니다.
그린 책으로는 〈동생이 싫어〉, 〈할머니의 레시피〉, 〈직업의 세계가 궁금해-비행기 조종사〉,
〈흥부 놀부〉, 〈별주부전〉, 〈혹부리 영감〉 등이 있습니다.
정감 있고 따뜻한 그림을 그리기 위해 노력하고 있으며, 항상 행복한 작가가 되길 바라고 있습니다.

감수 신항균
성균관대학교 대학원 수학과를 졸업했습니다.
공군사관학교와 우석대학교 교수를 역임했고, 미국 애리조나 주립대학교 수학과 교환교수로도 활동한 바 있습니다.
지금은 서울교육대학교 수학교육과 교수로 재직 중이며, 동 대학교 초등수학교육연구소장으로 있습니다.
또한 서울교육대학교 영재교육원 운영위원으로도 활동하고 있습니다.
초등학교와 중학교, 고등학교에 이르기까지 수학교과서 집필책임교수로 활동했고,
저서로는 〈수학사와 수학이야기〉, 〈클릭 수학나라〉, 〈영재들의 1등급 수학교실 시리즈〉가 있습니다.

1단계 순서수 03

우리는 필통을 지키는 오총사

글 **유가은** 그림 **문구선** 감수 **신항균**
펴낸곳 **(주)아람키즈** | 펴낸이 **이소영** | 주소 **서울특별시 성동구 성수이로 147 아이에스비즈타워 2F**
고객센터 **1644-4521** | 팩스 **02-468-5548** | 홈페이지 **www.aramkids.co.kr** | 출판등록 **제2020-000011호**
기획 편집 디자인 **(주)아람키즈 하늘땅**
ISBN **979-11-6543-544-8 979-11-6543-509-7(세트)**

우리는 필통을 지키는 오총사

글 유가은 · 그림 문구선 · 감수 신항균

아람키즈

두두에게 새로운 *필통이 생겼어.
요리조리 움직이면 로봇이 되는 변신 필통이야.

"우아, 멋지다! 내일부터 이 필통을 써야지!"

두두는 책상 위에 변신 필통을 올려놓고는 잠이 들었어.

모두가 잠든 깜깜한 밤!
두두의 ***서랍**이 하나씩 열리기
시작했어.

첫째 서랍에서 ***알록달록** 크레용이
하나, 둘, 셋, 넷, 다섯.
둘째 서랍에서 외계인 볼펜이 하나.
셋째 서랍에서 뾰족뾰족 연필이 하나,
울퉁불퉁 똥 ***지우개**도 하나.

“우리는 크레용 오총사. 변신 필통은 우리 것!”

“무슨 소리! 이런 멋진 필통에는 크레용보다 내가 잘 어울려!”
외계인 볼펜이 크레용들에게 말했어.
“저리들 비켜! 필통에는 연필이 들어가야지!”
“나도 끼워 줘. 연필이 있는 곳엔 지우개도 있어야지, 헤헤.”
똥 지우개는 연필을 졸졸 쫓아다니며 말했어.

RENDERED
CERTIFICATE CANCELED
Ledger Folio
No. Certificate
No. Shares
LEFT BY
DATE
IN WHOSE FAVOR
Led. Folio

"하지만 우리가 모두 들어가기에 필통은 너무 좁아."
파랑 크레용이 말했어.
"구르기 *시합을 해서 빨리 구르는 순서대로
다섯째까지만 들어가는 게 어때?"
"그래, 좋아! 빨리 구르는 것은 자신 있다고."
외계인 볼펜도 연필 앞으로 나서며 말했지.
"움직이는 게 귀찮긴 하지만, 한번 시합해 볼까?"
똥 지우개도 말했어.

구르기 시합이 시작되었어.
변신 필통이 심판을 보기로 했지.

"준비, 시작!"

크레용들이 앞서서 굴렀어.

날씬하고 길쭉한 연필도 열심히 굴렀지.

연필이 구르다가 뒤를 돌아보니
똥 지우개가 아직도 꾸물거리는 게 아니겠어?

"야, 똥 지우개! 빨리 구르지 않고 뭐 하는 거야?
네가 없으면 잘못 쓴 것을 지울 수 없다고!"
연필은 귀찮았지만 어쩔 수 없었어.
똥 지우개를 힘차게 굴려 주었지.

첫째
둘째
셋째
넷째
다섯째

크레용들은 필통 앞에 차례로 도착했어.

"야호! 내가 일 등이다!"

첫째로 들어온 것은 빨강 크레용.

둘째는 노랑 크레용.

셋째는 초록 크레용.

넷째는 파랑 크레용이었어.

다섯째로 검정 크레용이 들어오자

크레용들은 한 줄로 서서 외쳤어.

"우리는 필통을 지키는 크레용 오총사!"

“에잇, 좀 더 빨리 들어올 수 있었는데…….”
“우리 한 번 더 시합하자. 이번엔
*멀리뛰기 어때?”

똥 지우개가 말했어.

“그래그래! 한 번 더 하자!”

외계인 볼펜과 연필도 말했어.

“그래 봤자 우리가 또 이길 텐데, 뭐.”

크레용들이 잘난 척하며 말했어.

드디어 멀리뛰기 시합이 시작되었어.
"자, 그럼 동시에 뛰는 거다. **하나, 둘, 셋!**"
모두가 *__공중__에 붕 떠올랐을 때
연필이 똥 지우개의 옆구리를 쿡 찔렀어.
"아야!"
깜짝 놀란 똥 지우개는 몸을 크게 움직였지.

첫 째
둘 째
셋 째

책상 위로 **탁! 탁! 탁!**
가장 멀리 뛴 건 또 빨강 크레용이었어.

"**첫째**는 빨강 크레용.
둘째는 노랑 크레용.
셋째는 외계인 볼펜.
넷째는 연필.
다섯째는……."

다섯째로 멀리 뛴 건 바로 똥 지우개였어.
모두 믿을 수가 없었지.
"내가 **다섯째**로 들어오다니! 야호, 신난다!"
검정 크레용과 파랑 크레용, 초록 크레용은 화가 나서
책상에 찌익 *낙서를 하며 넷째 서랍으로 들어가 버렸어.

"차례로 들어오렴."

변신 필통은 문을 열고 크레용 두 개와 외계인 볼펜, 연필과 똥 지우개를 반갑게 맞이했어.

"우리는 필통을 지키는 오총사!"

다음 날 아침,

두두는 일어나자마자 필통을 들여다보았어.

필통 안에는 두 개의 크레용과 외계인 볼펜,

연필과 똥 지우개가 ***가지런히** 놓여 있었지.

"너희도 필통이 마음에 쏙 드는구나?"

두두는 변신 필통을 몇 번이고 쓰다듬었어.

엄마가 보기

차례를 나타내는 수를 알아보아요

차례를 나타내는 수는 여러 사물의 서열을 뜻합니다. 즉 **어떤 기준에 따라 매겨진 사물의 순서**를 말하지요. 일상생활에서 볼 수 있는 사물들을 놓고 차례를 비교하며 아이와 이야기해 보도록 합니다.

이 책에 등장하는 이야기처럼, 달리기나 멀리뛰기 시합을 할 때는 먼저 도착하는 순서대로 등수를 매깁니다. 달리기 시합에서는 가장 먼저 들어온 사람부터 '1등, 2등, 3등' 하고 등수를 매기지요. 동시에 '첫째, 둘째, 셋째' 등으로 차례를 나타낼 수 있다고 말해 주세요. 멀리뛰기 시합에서는 가장 멀리 뛴 사람부터 차례를 나타낼 수 있다는 것도 가르쳐 주세요. 또한 아이의 방에서 볼 수 있을 만한 서랍장이나 장난감 진열장을 이용해서 이야기해 보는 것도 좋습니다. "첫째 서랍에 무엇이 들어 있니?", "둘째 서랍에는 외계인 볼펜이 들어 있네?"라며 순서수를 익히게 도와주세요.

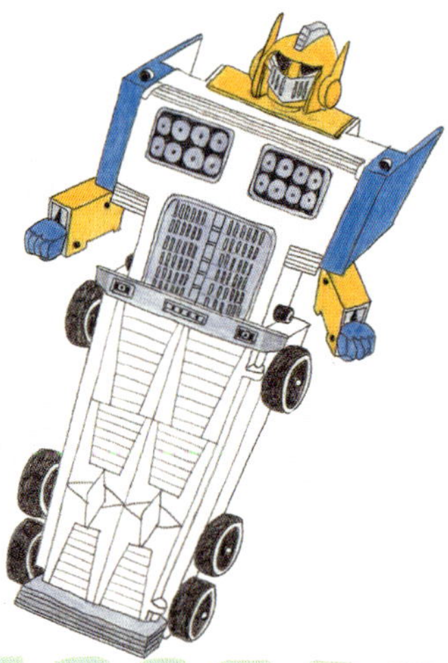

아이가 보기

서랍 속에 어떤 물건들이 들어 있나요?

깜깜한 밤, 서랍 속 물건들이 슬그머니 나왔어요.
첫째, 둘째, 셋째 서랍에서 어떤 물건들이 나왔는지 함께 보아요.

첫째 서랍에서는 알록달록 크레용!
둘째 서랍에서는 외계인 볼펜!
셋째 서랍에서는
뾰족뾰족 연필과 똥 지우개!

변신 필통에 들어갈 순서를 정하기
위해 멀리뛰기 시합을 했어요.
첫째는 빨강 크레용,
둘째는 노랑 크레용,
셋째는 외계인 볼펜,
넷째는 연필,
다섯째는 똥 지우개!

아이와 함께 하기

함께 맞혀 보아요

장난감 자동차 다섯 대로 자동차 경주를 해요. 가장 빨리 달리는 순서대로 차례를 정해 보아요. 둘째로 달리고 있는 것은 어떤 자동차인가요?

집에 있는 서랍을 열어 자세히 살펴보아요. 첫째 서랍에는 무엇이 있는지, 둘째 서랍에는 무엇이 있는지 엄마와 이야기해 보아요.

첫째 서랍 둘째 서랍 셋째 서랍 넷째 서랍 다섯째 서랍